hiwmor
SIR BENFRO

CYFRES TI'N JOCAN

hiwmor
SIR BENFRO

MAIR GARNON

y Lolfa

Argraffiad cyntaf: 2006

Dymuna'r cyhoeddwyr gydnabod cymorth ariannol
Cyngor Llyfrau Cymru

Cartwnau: Elwyn Ioan
Cynllun y clawr: Y Lolfa

Rhif Llyfr Rhyngwladol: 0 86243 932 9
ISBN-13: 9780862439323

Cyhoeddwyd yng Nghymru
ac argraffwyd ar bapur di-asid
gan Y Lolfa Cyf., Talybont, Ceredigion SY24 5AP
gwefan www.ylolfa.com
e-bost ylolfa@ylolfa.com
ffôn 01970 832 304

Cynnwys

Rhagair

Mair Garnon yw brenhines digrifwyr Dyfed. Mae hi, dros gyfnod o dros 50 mlynedd, wedi teithio rhai cannoedd o filltiroedd yn creu adloniant fel arweinydd nosweithiau llawen ac fel darlithydd poblogaidd gyda phob math o gymdeithasau.

Un o Landudoch yw Mair Garnon a threuliodd ei hoes yn y tŷ lle ganwyd hi – *'Bell View'*. Aeth i ysgol y Cyngor yn Llandudoch. Y prifathro yno oedd TH Evans a roddodd wybod am hanes Cymru iddi (y TH Evans fu'n actio yn *Dan y Wenallt* yn Llundain ac yntau'n bedwar ugain oed!). Wedyn, treulio cyfnod yr Ail Ryfel Byd yn Ysgol Uwchradd Aberteifi cyn mynd yn ferch ifanc i ddysgu i ysgol Llwynihirion. Yna mynd i Goleg y Barri a dod o dan ddylanwad Norah Isaac. Wedi cyfnod coleg bu'n athrawes yn yr ysgol leol cyn priodi Jeff a threulio cyfnod adre yn magu tri o blant – Carys, Meinir ac Emyr. Yna mynd yn athrawes fro cyn ymddeol yn 1990.

Treuliodd oes yn gwasanaethu'r pethe gorau – y capel a'r Ysgol Sul a diwylliant ei bro. Mae hi allan bron bob noson o'r wythnos yn diddanu rhyw gymdeithas neu'i gilydd. Yn ei bro mae parch mawr iawn iddi, ac fe luniodd WR Evans englyn o ddiolch iddi am ei gwaith:

Ar y daith rhowch im gymdeithion – rhai hynaws
  I rannu diddanion,
  A rhowch yn y fenter hon
  Ryw gornel i Fair Garnon.

Arwydd o barch y rhai y bu'n cydweithio â nhw
yw iddyn nhw ei gwahodd yn ôl i Lwynihirion lle
dechreuodd ei gyrfa fel athrawes hanner canrif
ynghynt. Ar gyfer yr achlysur roedd Dic Jones wedi
llunio englyn ac Etta George wedi ei lythrennu'n
gain.
  Er dod o'r feinir dirion – heneiddiodd
    Y blynyddoedd heibio'n
  Hanner cant, ond y mae'r co'n
  Aros yn Llwynihirion.

Fe ges i'r fraint o'i chwmni pan oedden ni'n dau yn
athrawon bro yn Nyfed, ac fe gawson ni lawer awr
ddifyr o chwedleua a chwerthin.
  Braint i mi oedd golygu'r gyfrol hon am fod
personoliaeth Mair Garnon yn corffori rhinweddau
bro Gymraeg dirion, ac yn arbennig ei hwyl iach.
  Mwynhewch y gyfrol a chwmni difyr un o 'adar
Rhiannon' – un o'r cyfarwyddiaid y mae ei chwmni
yn bleser ac yn hyfrydwch, ac amser ei hun yn
peidio â bod.

Emyr Llywelyn

Plant

Rwy'n hoff o blant, ac fel athrawes rwy wedi treulio oes yn eu cwmni. Gan blant y cefais i rai o'r storïau mwya gwreiddiol a diddorol glywes i erioed.

★ ★ ★

Rwy'n cofio dechrau dysgu, yn ferch ifanc, yn ysgol Llwynihirion lle'r oedd pob plentyn yn yr ysgol yn siarad Cymraeg. Roedd pob un ohonyn nhw â phâr o glocs am eu traed. Ar ôl rhyw wythnos fe sylweddoles i fod yna un crwt bach a fyddai'n dod i'r ysgol yn hwyrach bob dydd. Fe feddyliais i fod y bachgen yn cymryd mantais arna i achos 'mod i'n ferch ifanc, ddibrofiad. Roedd e nawr wedi mynd o fod bum munud yn hwyr i fod hanner awr yn hwyr bob dydd, a dyma fi'n dweud wrtho fe,

"Alun, wyt ti'n gwbod dy fod ti i fod yma am naw?"

"Pam?" medde fe, "beth oedd mlaen 'ma?"

★ ★ ★

Dw i ddim yn meddwl bod plant y cyfnod hynny'n gyfarwydd ag acenion y gogledd na'r de. Doedd dim cymaint o deithio, ac roedd rhai plant heb glywed tafodiaith y gogledd o gwbl. Yr Arolygwr oedd â gofal dros yr ysgolion bryd hynny oedd Cassie Davies. Roedd Cassie'n dweud,

"Rhowch lwythi o bethe i'r plant i ddysgu ar eu cof – rhigymau, dywediadau, penillion, cerddi."

Rwy'n cofio'n iawn rown i'n ceisio dilyn ei chyngor hi ac yn dysgu rhyw ddarn bach o farddoniaeth i'r plant adeg yr hydref am gasglu mwyar duon gyda'r llinell, 'I hel y mwyar duon,' ynddo. Roedd gweinidog y pentre yn ogleddwr o Rosymeirch, Sir Fôn. Fe ddaeth e i'r ysgol un diwrnod i wrando ar y plant yn adrodd a dweud ei fod yn adnabod y bardd oedd wedi ysgrifennu'r gerdd, a meddai,

"Ond nid fel'na fasa fo'n ei ddeud o."

I fod yn gwrtais fe ofynnais i, "Shwt wedech chi fe te, Mr Jones?"

"I *hel* y mwyar duon" meddai gyda phwyslais ar yr 'el'.

Fe gesiais i gael y plant i ddweud y darn fel roedd y gogleddwr wedi'i ddweud.

Dyma Cassie'n dod heibio ac fe ddaeth y crwt 'ma mas i adrodd y darn. Fe ddechreuodd bant, "I *hell* â'r mwyar duon.

Does dim blynyddoedd mawr ers bod toiledau tu fewn yn yr ysgolion. 'Slawer dydd roedd y tai bach allan ar yr iard. Pen ucha'r iard oedden nhw – ac roedd iard i'r bechgyn a iard i'r merched. Dyma ferch yn dod mewn un tro a dweud wrtha i fod un o'r bois yn nhŷ bach y merched.

"Pwy yw e te?"

"'Wy ddim yn siŵr."

"Beth ti'n feddwl, ti ddim yn siŵr?"

"Weles i ddim o'i wyneb e."

Os ydych chi'n cofio, roedd troedfedd dda o fwlch o dan y drws ac uwchben y drws yn y toiledau a dim ond ei draed e roedd hi wedi'u gweld o dan y drws.

Gofynnes iddi shwt oedd hi'n gwbod mai crwt oedd e, a ges i'r ateb fel fflach,

"Roedd 'i draed e'n wynebu'r ffordd anghywir!"

★ ★ ★

Rown i, fel athrawes, yn teimlo ei bod hi'n drueni colli geiriau fel 'ugain', 'deugain' ac ati wrth gyfrif yn y dull modern 'dau ddeg', 'pedwar deg', ac fe fyddwn i'n fwriadol yn defnyddio'r hen eiriau 'ugain' a 'deugain'. Dyma fi'n dweud wrth un ohonyn nhw,

"Pe bai ugain afal gyda fi yn un llaw a deugain yn

y llall – beth fydde gyda fi?"

A'r ateb ges i oedd, "Uffach o ddwylo mowr!"

★ ★ ★

Un o'r pethau rown i'n gorfod ei wneud gyda'r plant oedd dysgu lluosog pethe iddyn nhw, achos oedd llawer o blant ddim yn gwybod y lluosog am lawer o bethau. Dyma fi'n gofyn beth oedd lluosog 'dafad' – popeth yn iawn – 'Defaid'. Wedyn fe ofynnes i beth oedd lluosog 'carreg' a'r ateb ges i gan un crwt oedd *"Chippings!"*

★ ★ ★

Rhaid oedd paratoi'r plant erbyn arholiad y *Scholarship.* Roeddwn i'n gorfod dysgu tamed bach o Saesneg i'r Cymry ac yn cael tipyn o hwyl yn y cyfeiriad hwnnw. Un tro, rown i wedi dweud wrth y plant,

"Nawr te, os na fyddwch chi'n gwybod yr ateb, meddyliwch amdano fe, a rhowch rywbeth lawr. Peidiwch rhoi'r papur arholiad 'nôl heb ddim byd arno fe."

Y cwestiwn yn yr arholiad oedd gorffen diarhebion Saesneg. Roeddwn i wedi rhoi'r dasg o orffen, *"People in glass houses…"*

Roedd un crwt wedi meddwl am beth oeddwn i wedi'i ddweud am beidio hala'r papur 'nôl yn wag a'r ateb ges i oedd, *"shouldn't undress with the lights on."*

★ ★ ★

Mae gan blant ffordd syml a naturiol o ddweud gwirioneddau mawr. Roedd un crwt bach wedi mynd i'r ysgol am y tro cynta. Dyma'i fam yn gofyn iddo am ei ddiwrnod cynta yn yr ysgol ar ôl iddo ddod adre,

"Beth ddysgest ti yn yr ysgol heddi?"

"Dim byd – 'wy'n gorfod mynd nôl fory 'to."

★ ★ ★

Pan oedd fy mhlant i'n ifanc rown i'n mynd mas tipyn i siarad â gwahanol gymdeithasau. Un noson dyma Emyr y mab yn holi,

"Ble wyt ti'n mynd heno 'to?"

"Rwy'n wraig wadd gyda Merched y Wawr."

"Beth yw gwraig wadd, Mam?"

"Cer di i edrych yn y *Geiriadur Mawr* a bydd dy athro'n falch iawn."

A phan ddes i lawr o'r llofft wedi gwisgo'n barod i fynd mas, fe ddywedodd e,

"Rwy wedi cael gafael ynddo fe, Mam."

"Beth mae e'n ddweud fan 'na, nawr?"

"Rhyw greadur tew sy'n mynd mas yn y nos ac yn ffaelu gweld ymhellach na'i drwyn."

Ac rown i'n meddwl bod hwnna'n ddisgrifiad perffaith ohona i!

★ ★ ★

Roedd crwt wedi cael anrheg ar ei ben-blwydd – watsh arbennig. Roedd hi fod yn annistryw – gwrth-sioc, gwrth-ddŵr, gwrth-fagnetig – ac i fod i bara am byth. Wedyn, fe ddaeth amser Nadolig a dyma fi'n gofyn i'r crwt,

"Beth wyt ti eisiau fel anrheg Nadolig?"

"Watsh."

"Bachan, beth ddigwyddodd i'r watsh gest ti ar dy ben-blwydd – roedd hi fod i bara am byth."

Ac medde fe, "Golles i hi!"

★ ★ ★

Roedd y Cyfarwyddwr Addysg yn dod o gwmpas yr ysgolion a gofynnodd e i'r plant pa ddynion mawr oedd wedi eu geni yn yr ardal er mwyn gwybod a oedd yr athrawon yn dysgu hanes lleol i'r plant. Fe ofynnodd e i'r dosbarth,

"Oes 'na bobl fawr wedi'u geni yn Llandudoch?"

Fe ges i syndod wrth weld merch fach, oedd ddim mor dda â hynny, yn codi ei llaw yn dweud,

"Dim dynion mawr – dim ond babis mawr."

★ ★ ★

Fe holais i blentyn un diwrnod pam oedd e ddim wedi bod yn yr ysgol a'r ateb ges i oedd,

"Mae Mam wedi cael babi."

Roedd e wedi aros gatre i fod yn help i'w fam. Wrth siarad â'r athrawon eraill fe ddeallais fod y fam wedi cael efeilliaid. Dyna beth od na fuasai John wedi dweud. Gofynnais iddo,

"Pam na fuaset ti wedi dweud wrtha i fod dy fam wedi cael efeilliaid?"

"Ro'wn i'n cadw un erbyn wthnos nesa," medde fe.

Roedd e'n gobeithio cael esgus arall i aros gatre!

★ ★ ★

Mae ambell i blentyn eisiau mynd mas i'r tŷ bach yn amal. Roeddwn i wedi sylwi ar un crwt roedd naill ai rywbeth yn bod arno neu doedd e ddim yn hoffi'r gwaith ysgol. Y diwrnod 'ma rown i wedi bod yn dysgu'r wyddor Saesneg iddyn nhw – oedd yn dipyn o waith i Gymro bach. Dyma fe â'i law lan ar hanner y wers yn gofyn am fynd i'r tŷ bach, a dywedes i wrtho fe,

"Cyn dy fod ti'n mynd i'r tŷ bach, wy moyn i ti adrodd y wyddor yn Saesneg i fi."

Dyma fe'n adrodd y wyddor fel cath i gythrel, *"… m, n, o, q, r, s…"* a mlaen ag e gan adael y *'p'* mas.

"Pam gadewaist ti'r *'p'* mas?"

"Roedd hwnnw hanner ffordd lawr y nhrowser i," medde fe.

★ ★ ★

Aeth plant i ddweud "'Sda fi'm pensil" ac rown i'n ceisio eu drilio nhw i ddweud "Does dim pensil gyda fi." Yr hyn rown i'n ei wneud oedd gofyn cwestiwn i bob plentyn ac roedd hwnnw i roi'r ateb cywir. Fe es i o blentyn i blentyn o gwmpas y dosbarth yn gofyn, "Oes pensil gyda ti?" a phawb yn rhoi'r ateb, "Does dim pensil gyda fi." Ar ôl i fi ofyn i ryw bedwar neu bump dyma un crwt bach yn gofyn,

"Pwy ddiawl sy wedi dwgyd y pensilie i gyd?"

★ ★ ★

Un o'r pethe roedd plant yn hoffi'i wneud ar ôl gwneud rhyw waith caled fel mathemateg neu ysgrifennu oedd tynnu llun. Rwy'n cofio gofyn i'r plant adeg Nadolig i dynnu llun rhywbeth oedd yn ymwneud â'r Nadolig. Roedd un plentyn wedi tynnu llun tŷ â tho gwastad iddo 'run fath â'r tai ym Methlehem, ond roedd e wedi rhoi dau ddrws bob pen i'r tŷ, ac ar y drysau roedd e wedi ysgrifennu 'Dynion' a 'Merched'.

Dywedes i wrth y bachgen yma,

"Ti'n meddwl bod toiledau fel hyn i gael mas ym Methlehem?"

"Chi ddywedodd!" medde fe.

"Ddwedes i ddim byd am dai bach," meddwn i.

"Do, do, fe ddywedoch chi, 'Ac wedi iddynt agor eu trowseri'."

Mae agor trowser yn golygu mynd i'r tŷ bach ffordd hyn – roedd e wedi camddeall 'trysorau' am 'trowseri'!

★　★　★

Dyna'r tro arall wedyn pan oedd plentyn wedi tynnu llun baban yn y preseb. Fe ofynnodd yr athrawes,

"Beth yw enw hwn nawr?"

"Iorwerth – dyna ddwedoch chi – 'Iorwerth mewn preseb'."

Fe ofynnes i ryw fam beth oedd hanes ei phlant gan eu bod nhw wedi gadael yr ysgol fach a medde hi,

"Maen nhw'n tyfu'n rhy glou. Maen nhw 'di bennu bod yn blant yn glou iawn."

"Shwt chi'n gwybod pan maen nhw 'di bennu bod yn blant?"

"Wedi iddyn nhw fennu gofyn i fi o ble daethon nhw, ond yn pallu dweud wrtha i ble maen nhw'n mynd!"

Maint Diogel

Fues i erioed yn fach fy maint, ac mae cyfeirio at fy maint a chael hwyl am ben fy hunan wrth arwain Eisteddfod neu Noson Lawen yn mynd lawr yn dda gyda chynulleidfa.

Mae'r teulu wedi cael tipyn o hwyl yn tynnu 'nghoes i am fy maint. Rwy'n cofio un athrawes yn gofyn i'r plant beth oedden nhw am fod pan oedden nhw wedi tyfu'n oedolion, a dyma hi'n gofyn i Carys y ferch,

"Beth wyt ti'n mynd i neud pan fyddi di'n fawr fel dy fam?"

Yr ateb gafodd hi oedd, "Mynd ar ddeiet!"

★ ★ ★

Fe fydd Jeff, y gŵr, yn tynnu 'nghoes i'n amal, ac mae e'n un da am ateb parod.

Fe ofynnodd rhywun iddo fe,

"Beth wyt ti'n mynd i roi i Mair, y wraig, Nadolig?"

A'i ateb e oedd, "Digon o le!"

Y Dafarn

Mae llawer o sôn nawr am agor y tafarnau drwy'r dydd – am 24 awr. 'Slawer dydd roedd llawer o dafarnau yn y wlad ddim yn ffwdanu cadw at yr oriau swyddogol ac ar agor drwy'r dydd neu'n hwyr iawn yn amal. Fel arfer doedd y plismon lleol ddim yn gwneud sylw o'r peth heblaw bod rhyw drwbwl 'na.

Un tro fe ddaeth Prif Gwnstabl newydd ac fe benderfynodd fod yn llym ynglŷn ag oriau agor. Roedd e'n anfon plismyn o gwmpas i sicrhau bod y tafarndai'n cau ar amser. Roedd hi tua dau o'r gloch y bore pan ddaeth cnoc ar ddrws tafarn Penbryn. Fe waeddodd rhywun, "Plisman!", ac fe redodd pawb mas drwy'r drws cefen i'r ardd a dros ben clawdd a dianc. Ond roedd un hen foi ddim yn ystwyth iawn ac yn ffaelu mynd dros ben clawdd. Fe guddiodd e fan'ny yn ei gwrcwd yng nghanol y riwbob.

Dyma'r plismon yn dod mas, goleuo'i fflashlamp ac yn gweld yr hen foi.

"Helô, helô'" medde fe, "Beth ych chi'n neud fan hyn?"

"Chwynnu! Mae'n dda'ch bod chi 'di dod â gole, achos roedd hi'n dechre tywyllu!"

Roedd 'na bymtheg o dafarndai ym mhentre Llandudoch a hynny heb gyfrif y tafarne smwglyn. 'Tafarne smwglyn' oedd rhai oedd yn gwneud eu cwrw eu hunain heb drwydded. Rwy'n cofio ffeirad newydd yn dod i'r pentre ac roedd Jac yn hoffi dropyn ac yn gymeriad ar ei ben ei hunan. Roedd Jac yn dod gartre ryw nos Sadwrn yn weddol sigledig pan gwrddodd e â'r ffeirad ar yr hewl. Dyma'r ffeirad yn cyflwyno'i hunan, a medde Jac wrtho fe,

"Mae'n ddrwg 'da fi. Rwy wedi cael glased bach yn ormod heno, ond fe fydda i'n rhoi'r gore i'r ddiod 'ma fory nesa."

Roedd Jac wedi prynu potel fawr o stowt ac roedd honno yn ei boced e fan 'ny.

"Wel, os ych chi am i fi'ch credu chi – chi'n gweld y gwter na lawr fan na? Arllwyswch y botel lawr i'r gwter."

"Alla i ddim," medde Jac, "y mab sy biau'i hanner hi."

"Ga i'ch gweld chi'n arllwys 'i hanner hi bant te."

"Alla i ddim; chi'n gweld, y mab biau'r hanner ucha!"

"*…y mab biau'r hanner ucha!*"

Y Capel

Slawer dydd, pan oedd gweinidog yn dod i gapel i bregethu, ac wedi dod o bell, fe fyddai'n aros yn y tŷ capel. Fe fydde fe'n cyrraedd ar y nos Sadwrn a chael swper gyda gwraig y tŷ capel. Roedd gwraig y tŷ capel wedi mynd i ffws a phrynu bwyd arbennig a dyma hi'n ei gynnig e i'r gweinidog,

"Gymrwch chi tamed bach o *tongue,* Mr Jones?"

"Na wir, fydda i byth yn bwyta dim byd o ben anifail!"

A medde gwraig y tŷ capel, "Gymrwch chi wy bach te?"

★ ★ ★

Yn y capel fan hyn roedden nhw eisiau dewis diaconiaid, ac roedd un dyn yn sefyll mas o ran ei ffyddlondeb a'i weithgarwch yn yr eglwys. Roedd e wedi gwrthod mynd yn ddiacon sawl gwaith. Pan ddaeth y gweinidog newydd fe aeth e i siarad â'r dyn a dweud bod rhaid iddo fynd yn ddiacon.

"Rwy'n deall eich bod chi Tomos ddim isie bod yn ddiacon."

"Wel, na dw," atebodd e. "Hen ddynion dŵad yw diaconiaid."

Roedd e'n iawn, wrth gwrs, achos os deuai athro neu reolwr banc roedd e yn y sedd fawr yn ddiacon yn syth o flaen y bobl leol. Ymhen ychydig dyma'r gweinidog yn gofyn iddo fe, "Chi'n gobeitho mynd i'r nefoedd Tomos?"

"O ydw, gobeithio ca' i fynd fan 'ny."

"Na beth od 'ychan – dynion dŵad sy fan'ny i gyd!"

★ ★ ★

Roedd y capel wedi prynu darn o dir newydd i gladdu ynddo gan fod yr hen fynwent wedi mynd yn rhy fach. Un diwrnod aeth dwy hen wraig am dro i gael gweld ble roedd y fynwent newydd. Dyma un yn dweud wrth y llall,

"O, dyma le bach neis yn wyneb yr haul! Fan hyn odw i eisiau bod os bydda i byw ac iach."

A dyma'r llall yn dweud,

"Ych a fi! Dw i ddim yn hoffi'r hen le 'ma. Fyddwn i ddim eisiau 'nghladdu fan hyn hyd yn oed tawn i'n marw."

★ ★ ★

Slawer dydd, yn yr Ysgol Sul, roedd llawer o ddadlau. Un tro, roedden nhw'n trafod y mab afradlon. Fe glywes i'r hen gymeriad 'ma'n dadlau mai nid cael ei sbwylio oedd y mab ar ôl dod 'nôl ond cael ei gosbi. A medde'r athro Ysgol Sul,

"Shwt ych chi'n gweitho honna mas nawr te?"

"Y peth cynta wnaethon nhw oedd rhoi modrwy ar 'i law e. Meddyliwch chi am ddwylo dolurus wedi bod yn gweithio bob dydd – cosb oedd stwffio hen fodrwy ar 'i fys e. Yr ail gosb wedyn oedd rhoi sgidie newydd am 'i draed e. Nawr, roedd e wedi bod yn cerdded am amser hir a'i draed e'n gwte ac wedi chwyddo. A'r trydydd peth, roedd siŵr o fod cyflwr ofnadwy ar ei gylla fe – roedd e wedi bod yn bwyta cibe'r moch a phethe. A beth oedd gyda nhw iddo fe fwyta gynta, ond cig llo. Does dim byd gwa'th na cig llo i gael cylla tost!"

★   ★   ★

Un tro fe ofynnodd pregethwr i un o'r diaconiaid,

"Beth oeddech chi'n 'i feddwl o'r bregeth y bore 'ma?"

"Wel," mynte'r diacon, "roedd y bregeth yn ddiflas iawn ac yn farwedd iawn."

"Chi'n meddwl dylwn i roi mwy o dân yn y bregeth?" meddai'r pregethwr.

"Wel," mynte'r diacon, "fydde'n well 'da fi pe byddech chi'n rhoi'r bregeth yn y tân."

Gyda'r Meddyg

Fe aeth hen gymeriad at y meddyg a gofynnodd y meddyg,

"Beth alla i 'neud i chi?"

"'Ych chi'n meddwl bydda i byw nes 'mod i'n gant?"

"Wel, 'na gwestiwn od," medde'r doctor.

"Cyn galla i'ch ateb chi, mae gyda fi rai cwestiyne i'w gofyn i chi. Ydych chi'n smoco?"

"Nadw, wy ddim wedi smoco, erioed."

"Ydych chi'n yfed llawer?"

"Nadw, rwy'n llwyrymwrthodwr."

"Un cwestiwn bach 'to te," medde'r doctor. "Faint o fenywod sy wedi bod yn 'ych bywyd chi?"

"Dim un – hen lanc odw i."

"Ga i ofyn un cwestiwn ola i chi," medde'r doctor, "I beth 'ych chi eisie byw nes boch chi'n gant?"

★ ★ ★

Mae rhyw bigad gyda'r meddygon at bob peth nawr. Dyma'r meddyg yn dweud wrth ryw hen gymeriad fan hyn,

"Cer di lawr nawr i'r ysbyty yn Aberteifi i ti gael *injection*."

Pan gyrhaeddodd e'r ysbyty roedden nhw wedi symud yr uned oedd yn rhoi pigiadau i'r llawr dan yr ysbyty – yn y seler, a medde hi,

"Mae'r injection heddi yn y *basement*."

A medde Dai, "Yn fy mraich i neu ddim o gwbwl!"

★   ★   ★

Roedd hen fachan wedi mynd i'r ysbyty a'i gymdogion wedi mynd i ymweld ag e. Roedden nhw wrthi'n siarad ac medde un o'r cymdogion,

"Mae hi'n brysur yn y ward nesa – fe ddaeth dau gês o peritonitis mewn neithiwr."

A medde Dai, "Diawl maen nhw'n lwcus – dim ond *Lucozade* odw i wedi 'i ga'l 'ma!"

★   ★   ★

Roedd ffarmwr yn teimlo'n eitha gwael ac fe aeth at y meddyg un diwrnod. Fe edrychodd y meddyg arno fe'n ofalus a dweud,

"Shwt mae'ch stumog chi?"

"Rwy'n bwyta fel ceffyl!"

"Shwt ych chi'n cysgu?"

"Rwy'n cysgu fel mochyn."

"Shwt mae'ch corff chi'n gweithio?"

"Fel eidon blwydd ar adle."

"Wel, wel," medde'r doctor, "alla i neud dim byd i chi — well i chi fynd i weld y fet!"

★ ★ ★

Roedd crwt yn dioddef yn ofnadw o'r deiarîa neu ddolur rhydd. Roedd y fam wedi mynd at y fferyllydd i gael rhywbeth i'w wella fe.

"Allwch chi roi rhywbeth iddo fe?"

"*Chlorodyne* yw'r peth," medde hwnnw.

"Dyna beth sy isie arno fe — clo ar ei din e!"

★ ★ ★

Fe aeth hi i'r pen ar John. Fe fuodd rhaid iddo fe fynd at y doctor. Roedd peswch aflan arno fe a medde'r meddyg wrth John ar ôl cymryd ei dymheredd a'i gorno'n ddiogel,

"Ydych chi wedi bod yn gweld rhywun heblaw amdana i?"

"Do," medde John, "y fferyllydd."

Gofynnodd y doctor, "A pha dwpdra ddywedodd hwnnw wrthoch chi?"

"O," medde John rhwng dau beswchad, "fe wedodd e wrtha i am ddod i'ch gweld chi!"

Dynion Dŵad

Amser rhyfel roedd 'na ferched yn dod o'r dre
mas i'r wlad i weithio ar y tir – 'Byddin y Tir'
neu'r *Land Army*. Peth dierth i bobol cefen gwlad
oedd gweld menyw yn gwneud gwaith dynion ar y
fferm. Mi fydde ffermwr adeg y cynhaea'n gallu cael
help y merched yma o ryw ganolfan. Roedd rhyw
fenyw fawr, bwysig yn arolygwraig ar y merched.
Dyma'r ffermwr yn dweud wrthi,

"Rwy'n credu dylech chi wbod. Ma Dai'r gwas,
ychydig bach yn wyllt ac yn foi am y merched."

Yr ateb gafodd e gyda'r fenyw bwysig oedd,

"Peidwch chi gofidio am fy merched i!" gan
bwyntio at ei phen cyn ychwanegu,

"Peidiwch gofidio dim, *my girls have got it up
here.*"

"Wel," medde'r ffermwr, "ta ble mae e, geith
Dai afael ynddo fe!"

★ ★ ★

"Ta ble mae e, geith Dai afael ynddo fe!"

Mae llawer o rieni plant sy'n dod i mewn i'r ardal yn ceisio dysgu Cymraeg ond llawer ohonyn nhw heb lawer o glem. Rwy'n cofio un rhiant yn dweud wrtha i,

"*I've mastered the 'three boroughs'!*"

Fe ofynnes i iddi beth oedd *y 'three boroughs'*, ac fe atebodd hi,

"*Borough* da, *borough* glaw and *borough* menyn!"

★ ★ ★

Fe ddaeth nifer o Saeson i'r ardaloedd hyn o'r dinasoedd yn credu eu bod nhw'n gallu ffermio, ond doedd dim syniad gyda nhw. Fe ddaeth gwraig, oedd yn hen ferch a heb briodi, i'r cyffiniau yma ac fe ddechreuodd gadw ieir. Roedd hi wedi prynu dwsin o ieir a deuddeg ceiliog. Fe ddywedodd cymydog wrthi'n eitha caredig,

"'Sdim ishe deuddeg ceiliog arnoch chi. Bydde un ceiliog yn ddigon i chi."

"O na, popeth yn iawn," dywedodd hi. "Rwy wedi hala'n oes ar ben 'yn hunan. Rwy'n gwybod beth yw bod ar y silff!"

Ateb Parod

Roedd bachan o Landudoch wedi bod ar y môr yn ystod y rhyfel. Fe aeth e i weithio i wersyll Aberporth. Fe ddaeth rhyw swyddog pwysig o Lundain lawr i Aberporth a cherdded o gwmpas y gwersyll. Dyma fe'n gofyn i Dai beth oedd e wedi'i wneud yn y Rhyfel Byd Cyntaf. A dywedodd Dai ei fod e'n optegydd yn y Llynges.

Ar ôl i'r dyn pwysig fynd fe ofynnodd 'y nhad, oedd yn fforman arno fe,

"Bachan Wil, beth gest ti neud shwt beth?"

"Mae'n berffaith wir – fi oedd yn tynnu'r llyged mas o'r tato!"

* * *

Roedd boi wedi cael y llysenw 'Wil Swanc' am ei fod yn gwisgo *spats*. Roedd e wrthi, rhyw ddiwrnod, yn peintio'r tŷ ac roedd e wedi dechrau peintio yn y gwaelod. Fe ddaeth rhywun heibio a gweld Wil wrthi, wedi dechrau lawr yn y gwaelod ac yn gweithio am lan.

"Wil bach, nid fel 'na mae peintio – chi fod i ddachre lan a gweitho am lawr!"

"Wel, fel hyn gafodd y tŷ ei godi beth bynnag!"

Roedd 'na ffarmwr eisiau clirio tir ac wedi rhoi hysbyseb yn y papur yn gofyn am rywun i wneud y gwaith. Wrth gwrs, y bachan gyda lleia o waith ynddo fe oedd yn cynnig am y swydd. Dyma'r ffarmwr yn gofyn iddo fe,

"Ble wyt ti 'di cael profiad o glirio tir?"

"O, rwy wedi cael profiad," medde'r bachan, "mas yn y Sahara."

"Bachan, bachan," wedodd e, "'sdim coed na dim byd yn y Sahara."

"Nag oes – heddi!"

★ ★ ★

Roedd ffarmwr o Sir Aberteifi'n gwerthu buwch i ffarmwr o Sir Benfro am £100. Roedd y ffermwr o Sir Benfro eisiau talu gyda siec ac fe ofynnodd,

"Sawl '0' sydd mewn cant, un neu ddau?

A'r ffarmwr o Sir Aberteifi'n ateb, "Wy ddim yn gwbod yn gwmws. Rho dair lawr i gael bod yn siŵr!"

Caru

Mae 'na storïau ar waelod Sir Aberteifi a thop Sir Benfro am Twm Weunbwll a'r busnes arferion caru. Roedd ei fam yn treio dysgu Twm shwt oedd caru. Roedd hi wedi dweud wrtho fe am fynd tu fas i dŷ merch roedd e'n ei hoffi a thowlu cwpwl o gerrig mân lan at y ffenest. Dyma'r fam yn mynd lan llofft i actio'r peth. Aeth Twm mas tu fas i'r tŷ a hithau'n dweud o'r ffenest lofft mewn llais bach tawel,

"Pwy sy 'na?"

A medde Twm, "Diawl, Mam, beth sy arnoch chi? Fi sy 'ma – nawr haloch chi fi mas!"

Twpdra

Roedd 'na fachan o'r ardal yn gweithio yn y Parc Hamdden yn Oakwood. Dim ond llyn bach oedd yna bryd hynny, a rhyw gychod bach roeddech chi'n gallu eu pedlo ar y llyn. Roedd Dai wedi cael gwaith yn edrych ar ôl y cychod. Y cyfan oedd gydag e i'w wneud, mewn gwirionedd, oedd cymryd yr arian a gweiddi drwy ryw gorn mawr pan fydde'r amser ar ben ac yn bryd i'r cwch ddod i mewn.

Un diwrnod roedd Dai'n gweiddi nerth ei ben,

"Rhif naw, dewch mewn mae'ch amser chi ar ben!"

A medde'r perchennog, "Bachan, pam ti'n gweiddi rhif naw? Does dim rhif naw gyda ni, dim ond wyth cwch sy ar y llyn!"

A dyma fe'n gweiddi, "Dewch i mewn rhif chwech – chi mewn trwbwl!"

★ ★ ★

Stori wir. Ar y cyfan doedd mwyafrif o bobl cefen gwlad 'slawer dydd ddim wedi gweld gêm rygbi. Roedd ffrind i fi wedi cael teledu pan ddaethon nhw mas gynta – set fach â'r llun mewn du a gwyn, a phwy ddaeth i'r tŷ ond ei mam. Roedd y fam yn eistedd fan 'ny yn edrych yn syn ar gêm rygbi a bob hyn a hyn dyna i gyd oedd hi'n 'ddweud oedd,

"Dyna drueni! Dyna drueni!"

Dyma'r ferch yn mynd mlaen ati a holi,

"Beth chi'n feddwl, 'Dyna drueni'?"

"Dyna drueni na 'se'n nhw'n cael bobo bêl!"

★ ★ ★

Mae yna gymeriad yn dod rownd i werthu pysgod fan hyn bob dydd Gwener ac mae e'n gweiddi, *"Fresh fish."*

Fe ddywedes i wrtho fe un diwrnod, "'Sdim ise i chi siarad Saesneg fan hyn – ry'n ni i gyd yn siarad Cymraeg."

"O, 'na fe te", medde fe a dechrau gweiddi, "Ffish ffresh!"

★ ★ ★

Pan oedd bechgyn allan yng Ngogledd Affrica adeg y rhyfel roedd pob mam a mam-gu yn becso'n ofnadw pan na fydden nhw 'di clywed oddi wrth y dyn ifanc ers tipyn. Dyma'r fam yn ysgrifennu at y mab nawr,

"Danfona lun bach ohonot ti gartre nawr i ni

gael gweld dy fod ti'n iawn."

Yr unig lun oedd gyda'r dyn ifanc oedd un ohono fe'n sefyll yn borcyn yn y Sahara. Meddyliodd e wrth ei hunan, 'Mae'r hanner top yn iawn i'w ddanfon'. Felly dyma fe'n torri'r llun ohono'i hunan yn borcyn yn ei hanner ac yn danfon yr hanner top at ei fam.

Roedd ei fam yn falch iawn, ac meddai hi ar waelod y llythyr roedd hi'n ei ddanfon 'nôl wedyn, "Mae dy fam-gu'n gofidio amdanat ti – danfona lun ohonot ti dy hunan ati hi iddi gael gweld dy fod ti'n iawn."

Wel, meddyliodd e wrth ei hunan, 'Wel, dyw Mam-gu ddim yn gweld yn rhy dda,' ac fe halodd hanner gwaelod y llun ohono fe'n borcyn at ei fam-gu. Dyma ei fam-gu'n hala carden nôl ato fe i ddiolch,

"Rwyt ti'n edrych yn gywir 'run peth â dy dad-cu – dy wallt di'n ffluwch a dy dei di ar dro!"

★ ★ ★

Stori am wahadden. Roedd dyn bach wedi prynu tŷ newydd a'i unig ddiddordeb e mewn bywyd oedd cadw'r lawnt yn berffaith. Doedd dim un chwynnyn yn cael bod ar y lawnt – roedd yn rhaid iddi fod yn berffaith. Fe gododd e un bore ac roedd gwahadden wedi bod yn y lawnt. Fe aeth y dyn yn wallgof ac fe ddywedodd wrth ei wraig,

"Rwy'n mynd i aros lawr drwy'r nos heno a dwy'n mynd i ddal y wahadden yna a'i lladd hi os bydd e'r peth diwetha wna i."

Dyna lle'r oedd e â dwy got fawr a golau'n disgwyl am y wahadden. Deuddeg, un, dau o'r gloch – dim byd. Tua tri o'r gloch dyma fe'n dal y wahadden a'i dal hi yn ei law. A medde fe wrth y wahadden,

"Edrych 'ma, rown i wedi meddwl dy ladd di, ond mae lladd yn rhy dda i ti, rwy'n mynd i dy gladdu di'n fyw!"

★ ★ ★

Roedd 'na lawer o gymeriade yn y Cartre Hen Bobol 'ma, ac roedd 'na un hen wraig yn agosáu at ei phen-blwydd yn gant oed. Fe ddywedodd Pennaeth y cartre wrthi,

"Gewch chi neud beth fynnoch chi ar ddiwrnod eich pen-blwydd yn gant. Ddim yn amal mae rhywun yn cyrraedd y cant. Beth hoffech chi neud?"

"Wel," medde'r hen wraig, "rwy wedi gweld y merched 'ma'n rhedeg yn borcyn yn Wimbledon. Maen nhw mor farwaidd 'ma, hoffwn i redeg yn borcyn ar draws y lolfa fan hyn – i gael gweld a wneith e greu rhyw gyffro!"

"Popeth yn iawn," medde'r Pennaeth, "ond cerwch mor glou ag y gallwch chi."

Roedd Dai a Wil, dau hen fachan, yn eistedd yn y lolfa pan oedd hi wrthi'n rhedeg yn noeth ar draws y lolfa.

A medde Dai, "Dwed wrtha i Wil – pwy oedd honna?"

"Wel, dw i ddim yn siŵr," medde Wil, "ond pwy bynnag oedd hi, roedd eisie smwddio'i ffrog hi!"

Gŵr a Gwraig

Maen nhw'n dweud bod dau fath o fenywod – y rhai chi'n breuddwydio amdanyn nhw a'r rhai rych chi'n eu priodi.

'Slawer dydd roedd y fath beth â pianola – rhyw biano oedd yn chwarae'i hunan. Roedd 'na fenyw grachedd yn Llandudoch oedd eisiau bod yn well na phobol eraill, ond roedd hi'n esgeuluso'i gwaith tŷ drwy fynd o gwmpas arwerthiannau a siopau. Roedd hi wedi gweld rhywbeth gwahanol mewn arwerthiant a medde hi wrth ei gŵr,

"Hoffwn i gael pianola."

"Beth yw pianola?"

"Rhyw fath o biano a pethe â thwlle ynddo – ma'r piano'n whare'i hunan."

"Bydde hi'n rhwyddach ac yn rhatach i ti, petaet ti'n rhoi'n nhrowser i mewn yn y piano sy gyda ti – fe glywet ti'r 'Haleliwia Corws' wedyn!"

★ ★ ★

Roedd y bachan 'ma wedi priodi menyw ddifrifol o salw. Fe ofynnodd un o'i ffrindiau iddo fe,

"Shwt briodest ti fenyw mor salw?"

"Amser rhyfel oedd hi, bachan — roedd popeth yn brin!"

★ ★ ★

Ffrind yn cwrdd â hen ffrind a dyma fe'n dweud wrtho,

"Weles i dy wraig di wythnos 'nôl!"

Dyma'r hen ffrind yn holi, "Wedodd hi rhywbeth wrthot ti?"

"Naddo, dim byd."

"O, dim 'y ngwraig i oedd hi te!"

Yn y Llys

Roedd dyn wedi cael sawl damwain car ac fe aeth yr Heddlu ag e i'r llys. Fe ddywedodd Cadeirydd y Fainc wrtho fe,

"Mr Jones, dyma'r pumed car i chi fwrw i mewn iddo fe."

"Nage, pedwar," medde'r bachan, "fwres i un ohonyn nhw ddwywaith!"

★ ★ ★

Roedd llawer o achosion potsian yn dod o flaen y fainc ac fe fues i, fel Ynad Heddwch, ddau ddiwrnod cyfan wrth un achos. Roedd y bachan wedi pledio'n ddieuog o botsian er ei bod hi'n hollol amlwg i bawb ei fod yn euog. Roedd llond y cwrt o gefnogwyr yn eistedd yno'n ei gefnogi. Y dyfarniad oedd 'Euog'. Fi oedd Cadeirydd y Fainc ac wrth iddo fe fynd heibio i fi fe ddywedodd e,

"Roedd hi'n werth rhoi trei arni hi!"

Eisteddfodau bach
'slawer dydd

Roeddwn i'n mynd i'r eisteddfodau bach i gyd. Roedd cystadleuaeth dda fel arfer ar yr unawdau. Roedd un ferch yn cystadlu ymhob man a'i hoff gân oedd, 'Llam y Cariadon', ac mae'r gân yn ailadrodd nifer o weithiau 'Mae dydd y briodas yn nesu… Mae dydd y briodas yn nesu'. A dyma ryw lais yn dod o'r cefen,

"Pryd mae hi i fod te, Meri fach?" A dyna stop ar y cyfan.

★ ★ ★

Ambell waith roedd mamau'r plant oedd wedi cystadlu mewn eisteddfod yn teimlo bod eu plentyn bach nhw wedi cael cam. Dyma WR Evans yn adrodd beth ddigwyddodd iddo fe mewn un eisteddfod ym Morgannwg:

"Fe fues i'n ddigon haerllug i ateb un o'r mamau 'nôl, mewn dull digon sarcastig. Roeddwn newydd roi 'meirniadaeth ar y llwyfan, ar ôl gwrando ar ryw ddeugain o blant, ac fe es i mas i gael sigarét. Gwelwn ryw fenyw ffyrnig ei golwg yn oedi o gwmpas, ac yn fy nghil-lygadu. O'r diwedd dyma hi'n bolltio ymlaen ata i gan ddweud:

"A beth oedd yn bod ar 'y nghroten i'n adrodd?"

"Pwy oedd eich croten chi?" gofynnais innau.

Dyma hi'n rhoi'r ffugenw a dyma finnau'n rhoi 'meirniadaeth iddi, gan ganmol y ferch am lawer o bethau, nes dod at y gair 'ond'.

"Ond shwt yn y byd oech chi'n rhoi'r wobr gynta i'r ferch arall yna o bawb?" medde hi.

Gwelais erbyn hyn nad oedd modd ei bodloni ac meddwn i,

"O, wel, a gweud y gwir wrthoch chi, mi ges i whampyn o ffowlyn 'da mam honna, cyn y gystadleuaeth." Trodd hithau ar ei sawdl.

★   ★   ★

Er bod WR Evans yn hen arweinydd profiadol fe gafodd ei lorio un tro gan un o fechgyn y cefen. Pan gynhaliwyd Eisteddfod yn neuadd newydd Bwlch-y-groes, a nhwythe newydd gael injan ar gyfer cynhyrchu golau trydan, pallodd y golau ar ganol yr Eisteddfod. Gan fod WR yn arwain yr eisteddfod, ac yn ofni y gallai rhywbeth difrifol ddigwydd, fe geisiodd apelio at ochr orau'r gynulleidfa:

"Gadewch i ni weld nawr…" meddai WR

A dyma waedd fel ergyd o'r gynulleidfa, "Pwy weld galli di neud yn y tywyllwch 'ma, bachan?"

Dyma un arall o hanesion WR: "Bob Nos Calan byddai eisteddfod yng nghapel Bethabara, ym mhlwyf Eglwys Wen. Byddwn yn mynd yn gyson i honno am flynyddoedd. Bob blwyddyn roedd 'na gymeriad arbennig yn eistedd uwchben y cloc yn y galeri. Roedd sylwadau hwnnw'n gallu bod yn ddigri iawn. Un tro, yn ystod cystadleuaeth 'Yr Unawd i Rai heb Ennill o'r Blaen' (neu'r Solo Twps) roedd yna un bachan yn ceisio canu 'Cartref' sef y geiriau, 'Wedi teithio'r mynyddoedd…'

Roedd e wedi ceisio dechrau ddwy neu dair gwaith, trwy ganu "Wedi te…" a thorri lawr.

Y beirniad wedyn yn ceisio codi ei galon trwy ddweud, "Treiwch chi 'to, machgen i."

Dyma gynnig arall arni… "Wedi te…" a thorri i lawr eto, a medde'r boi bach uwchben y cloc,

"Wel, diawch os na ddechreui di cyn hir bydd hi wedi 'swper' arnat ti!"

Ambell Bennill

Fe fues i'n gwneud traethawd ar Dribannau Morgannwg ar un cyfnod. Roedd Myrddin Lloyd, yn gweithio ar y pryd yn y Llyfrgell Genedlaethol, wedi dweud y cawn i weld ei gasgliad e ond i fi fynd i'r Llyfrgell Genedlaethol i'w darllen nhw. Roeddwn yn y stafell ddarllen yn mynd trwyddyn nhw a'r lle'n dawel fel y bedd, ac yn sydyn fe bostes i mas i chwerthin nes bod pawb yn pipo arna i wrth i fi ddarllen y pennill hwn:

Mi es i lawr i'r pentre
Mi netho i fargen ddeche,
Mi brines fochyn gan ryw ddyn
A thwll 'i din e'n eisie.

Mae'n rhyfedd fel mae hen benillion doniol yn glynu yn y cof.

* * *

Dyna ryfedd yw'r gwrthgyferbyniad rhwng agwedd pobol at briodas. Dyna i chi Eirwyn George yn sgrifennu'n rhamantus am briodas:

Mentro drwy gylch y fodrwy – i fyd gwell
I fyd gwyn ein tramwy;
A beunydd yn llaw benyw
Rwy'n diolch, diolch i'm Duw.

Ond dyna hen bennill yn ei gweld hi'n go wahanol:

Mewn rhyw ffair yn ymyl Ceri
Cwrddais i â Hannah Mari;
Pe cawn i y cyfle eto
Arglwydd Iôr nid awn i yno!

Dyma un arall yn go debyg:

Heb gŵyn mi dales gini
I'r gŵr fu'n fy mhriodi;
Mi dalwn gant ar unrhyw ddydd
Gael mynd yn rhydd o'r tresi!

Beth am hysbyseb Dic Jones ar ffurf englyn:

Rwyf am gymar fyddar, fud – wen, fwyn, ddoeth
    Fain ddethe, hardd, ddiwyd;
  Ond os caf i un yn bres i gyd
Fe af â'i mam hi hefyd.

Pe cawn i y cyfle eto
Arglwydd Iôr nid awn i yno!

Ymhob man mae pobol yn edrych 'mlaen at feirniadaeth y limrig:

Cynghorwn grotesi a chrots
I beidio â bwyta shilóts;
Fe allent amharu
Ar egwyl o garu,
Os ych chi yn hynach – sdim ots!

★   ★   ★

Fe fuodd cyfres *Penigamp* ar y radio gyda pedwar Cardi ar y panel. Roedd cystadleuaeth beddargraff bob wythnos. Rwy'n cofio o hyd am Cassie un noson. Roedd eisiau 'Beddargraff Aelod Seneddol' ac mae'r un wnaeth Cassie'r noson honno wedi aros ar fy nghof i:

Yma gorwedd yr Aelod Seneddol,
Un hollalluog, un hollwybodol;
Breuddwydiodd neithiwr mai fe oedd Duw
    Chas e ddim gwybod gwell – achos fuodd e ddim byw!

Brawddegau Cofiadwy

Slawer dydd roedd bri mawr ar gyfarfod cystadleuol neu'r *Penny Readings*. Meistr ar gyfansoddi brawddeg oedd Jimmy, Pontcynon, ac anodd oedd ei guro. Dyma'i frawddeg ar y llythyren 'O' (powdwr golchi poblogaidd oedd Omo):

Omo ordrodd Olwen oherwydd Omo olcha'n ofalus olew oddi-ar oferôl Owen.

Fe wnaeth Wil 'Bach' Morris frawddeg o'r gair 'Cawl':

Cefais annwyd wrth loetran.

Dyma un rwy'n ei chofio ar y llythyren 'D':

Diflannodd dannedd dodi Dai 'da'r daten – dychwelasant drannoeth!

Wil Canaan

Roedd Wil Canaan yn enwog am ei storïau celwydd golau, ac fe anfarwolwyd ef gan Waldo mewn soned:

Gofynnodd rhywun iddo ef un tro
'Nath storom neithiwr ddamej lan 'da chi?'
"Wel na," yn ei lais main, "dim niwed c'lo
Fe ddaeth llucheden miwn co biti dri;
A'th mas fel wên bach swci." Crefftwr llwm
A'i storïau doniol, dwl o hyd, trwy ras
Yn olud llafar yng nghartrefi'r cwm.
Darfu pob dim a soniai am ei fedr
Yn llunio clocs cymdeithas wrth y fainc;
Pydrodd y gwadnau llwyf a'r gwaldiau lledr;
Ei fabinogi a fydd yn wyrddlas gainc
Tra dywed gŵr mewn tyrfa neu mewn tŷ
"Ys gwedo'r hen Wil Canaan, 'slawer dy'."

Niclas y Glais

Roedd Niclas y Glais yn enwog am ei hiwmor ac mae ei ddarlithiau, a hyd yn oed ei bregethau, yn llawn hiwmor iach. Dyma rai o'i hanesion a straeon digri:

Es i lawr i Eglwys Wen lle'r oedd siop a thafarn. Rown i'n gwneud llawer o waith yn y dafarn. Fi oedd yn gwneud y cwrw. Wnes i ddigon o gwrw i nofio'r *Battleship Dreadnaught* arno! Roedd y *Swan* ar y ffordd i Drefdraeth ac i Abergwaun. Yng Nghrymych oedd yr orsaf drên bryd hynny i Abergwaun. Dyna lle'r oedd y glo yn dod, y bwyd a'r ymwelwyr – i Grymych oedden nhw i gyd yn dod. Ac wrth gwrs, roedd yn rhaid i'r ceffylau gael hoe fach a'r gyrrwr gael glasied bach. Rwy'n cofio un hen fachan yn dod ac yn dweud wrtha i,

"Nawr, rho fenthyg un o'r bwcedi 'na i fi. Rwy eisiau mynd â chwart o gwrw i'r ceffyl."

Aeth e at y ceffyl a rhoi'r bwcedaid o gwrw o'i flaen e, ac fe roddodd dipyn o flawd ceirch ar ei wyneb e. Ond doedd dim syched ar y ceffyl neu roedd e wedi troi'n ddirwestwr! – doedd e'n gwneud dim sylw o'r cwrw. Dyma'r hen fachan yn edrych ar y ceffyl, yn edrych arna i, ac yn edrych ar y bwced,

"Wel, diawl!" medde fe. "Trueni'i wastio fe!"

Fe gododd y bwced i'w geg ac yfed y cwrw i gyd!

★   ★   ★

Roeddwn i fyny yn Llŷn beth amser 'nôl yn darlithio a rhyw bregethwr yno'n sôn wrtha i bod ffermwr, diacon yn ei gapel, wedi dweud wrtho na fydde dim angen iddo brynu cig ar un dydd Sul arbennig.

"Mi ddo i â thipyn o gig i chi," medde fe.

Ar nos Sadwrn roedd y pregethwr lawr yn hwyr – deuddeg o'r gloch yn gwneud ei bregeth – a dim sôn am y ffermwr yn dod. Fe fu'n rhaid iddo fynd heb gig ar y Sul hwnnw. Un diwrnod, fe welodd y pregethwr bach y ffermwr a dweud wrtho fe,

"Ddaethoch chi ddim i ngweld i fel roeddech chi 'di addo. Roeddech chi wedi dweud eich bod chi'n lladd mochyn ac yn dod â thipyn o gig i fi."

"Wel," medde'r ffarmwr, "fe wellodd y mochyn!"

★   ★   ★

Deintydd oedd Niclas ac roedd e'n hoffi adrodd straeon digri am ddannedd a dannedd gosod:

Rwy'n cofio pregethwr yn dod ata i unwaith, ac yn dweud bod ei ddannedd e'n slac.

"Maen nhw'n dweud wrtha i eich bod chi'n gwneud dannedd gweddol sownd," medde fe. "Mae ofan yn 'y nghalon arna i y dôn nhw mas o mhen i pan fydda i'n pregethu."

Ac fe ddwedes i, "Ie, wir, mae'n beryglus anghyffredin – fe allech chi boeri'r dannedd mas a lladd un o'r blaenoriaid."

Ond fe wnes i set o ddannedd iddo a'i weld e 'mhen tipyn ar ôl hynny.

"Shwt mae'r dannedd newydd yn gweithio."

"O campus, achan, campus."

"Odyn nhw'n cwmpo lawr 'da chi wrth bregethu?"

"Nag 'yn ddim," medde fe, "ond cofiwch chi – rwy'n gwisgo'r hen rai pan fydda i'n pregethu gatre."

"Pam hynny?" meddwn i.

"Wel, fe ddywedoch chi gallen nhw gwmpo mas a lladd un o'r blaenoriaid – byddwn i'n hoffi gweld un neu ddau ohonyn nhw'n ei chael hi!"

★ ★ ★

Fe fyddai Niclas yn defnyddio storïau doniol i ddweud ei hanes ef ac Islwyn ei fab yn y carchar a'r bomiau'n disgyn ar bob llaw, ond roedd neges yn y stori yn aml:

"Chi'n gweld, doedd pob dim ohonon ni ddim yn y carchar. 'Run fath â'r hen frawd o'r enw Dewi a'r cwrw wedi mynd i'w goesau fe ac yn methu cerdded. Fe gwympodd yn y ffos ar y ffordd gartre o'r ffair.

"Druan ag e!" medde fe amdano'i hunan. "Mae e wedi cwympo heno 'to, a ddaw e byth oddi yma heb i rywun ei helpu fe."

A dyma fe'n stryglo ar ei draed a mynd gartre ar bwys y clawdd i nôl whilber. A dyma fe'n dod 'nôl nawr i'r man lle cwympodd e, chwilio amdano'i hunan ymhob man – er mwyn cario'i hunan gartre yn y whilber. Hynny yw, y darn o'r hen Ddewi oedd ar ei draed yn chwilio am y darn o Ddewi oedd yn y ffos. Dim ond darn oedd yn y ffos. Felly gyda ninnau yn y carchar – dim ond darn ohonon ni oedd yn y gell. Mae'r hen lyfr yma yn dweud fod Duw wedi gosod tragwyddoldeb yng nghalon dyn – allwch chi ddim cau dyn â thragwyddoldeb yn ei galon mewn cell bum llath wrth dair.

★ ★ ★

Mae dychan yn fath arbennig o hiwmor, ac roedd Niclas yn feistr ar ddefnyddio hiwmor i ddweud ei neges. Doedd Niclas ddim yn ofni defnyddio hiwmor yn y pulpud ac yn arbennig er mwyn cael hwyl am y teulu brenhinol.

"Pan oedd Brenin Lloegr ar gefn eliffant yn sacthu tcigrod a llewod mas yn India ac Affrica, roedd yr Esgobion yn gweddïo bob Sul i ofyn i Dduw gadw'r brenin rhag i'r llewod ei fwyta fe. Dwedwch wrtha i," meddai Niclas, "pa fath o swper i lew fyddai brenin?"

★ ★ ★

Pan oedd brenin Lloegr, George, ar ei wely angau fe ofynnodd, *"How's the Empire?"* Wrth gwrs, pan fuodd e farw roedd yna gyfnod o hiraethu swyddogol ar ei ôl e – ond fe benderfynwyd bod ceffylau'r brenin i gael rhedeg yn Ascot er gwaetha'r cyfnod o alaru swyddogol. Fe wnaeth Niclas soned am hyn:

How's the Empire?
Go ddrwg, Siôr bach, go ddrwg, mae prifeirdd Cymry
Yn dal i drigo mewn hen babell lwyd;
Mae'r dreth yn drwm ar fyglys, gwin a llymru,
A phlant y Rhondda Fach yn brin o fwyd.
Mae Gandhi'n noeth a thenau fel pererin

A'r Indiaid ar y cyfan yn o dlawd;
Yn Affrig mae caethiwed ar y werin
A'r proffwyd gwir o hyd yn destun gwawd.
Ond deil ceffylau'r brenin i garlamu
A'r ciciwr pêl yn bennaf duw y tir,
Mae'r gweithiwr eto dan ei faich yn crymu
A nos gorthrymder Cymru'n dal yn hir,
A glywi yn y glyn fyddarol sŵn
Yr Ymerodraeth fawr yn mynd i'r cŵn?

Waldo

Mae hiwmor Waldo ar gof a chadw mewn llawer man, ond dyma rai cerddi llai adnabyddus sy'n dangos ei hiwmor. Dyma fe'n tynnu coes y beirdd bod mwy o ramant mewn glaw ar do sinc na storm dros fwthyn to gwellt:

Mewn Shed Sinc
Does dim mwy cyffrous trwy'r holl gread
Na chawod o law ar shed sinc;
Ysbiwyr y wlad o'r dechreuad
Yn disgyn yn dinc ac yn dinc.

Nes dyfod holl nerthoedd y gelyn
A'i feirch a'i gerbydau a'r frwydr
Yn codi i'w phwynt... yn tawelu...
Ond bo ambell i filwr ar grwydr.

Dros y bwthyn to gwellt a'i storom o fellt
Arllwyswyd galwyni o inc;
Pam nad oes un sôn o Fynwy i Fôn
Am gawod o law ar shed sinc!

Fe fyddai Waldo yn hoff o chwarae â geiriau, a byddai'n annog y plant bach o dan ei ofal yn yr ysgol i greu odlau a brawddegau. Fe fyddai'n creu rhigymau doniol i'r plant:

> "Cyllell a fforc i'r Diwc of Iorc
> Llwy siment i'r Diwc of Cent."

★ ★ ★

Mae sbort chwarae â geiriau yn amlwg yn nifer o'i gerddi digri megis 'Awdl i Ddynion Mynachlog-ddu (mewn serch ac nid mewn gwawd)':

> Pe teyrnasai'r hen odl
> Ar y byd a'i bobl
> Safai'r haul yn danbed
> Uwchben Llambed,
> A dynion Clunderwen
> Yn y gwres a ferwen,
> A dynion Logi'
> 'n y tawch yn mogi,
> A dynion Cas-wis
> Yn cwympo fel pys.
> Ond rywsut rhewi
> Wnâi pawb yn Llanddewi;

Ond wedi'r haul i gilio
Ymhell o Lansilio
Dôi dynion Llanfyrnach
I gasglu'r esgyrnach
Yn bysys Crymych,
Ac wedyn fe'u cladden
Yn Robeston Wathen
Gan fod gormod o stegetsh
Ym mynwent Slebech;
A dynion Whitlan'
Yn ffidlan, ffidlan
Wrth weld dynion Llancefen
I gyd yn llefen.
Ond gweiddi twsh-twsh
Wnâi dynion Rosebush
A churo padelli
Wnâi bechgyn y Gelli.
Ond bois Llawhaden
A'u perswaden
I ymdawelu
Fel dynion Pontsely
A mynd adre'n ddidwrw
Fel bois Eglwyswrw,
Heb agor eu pen
Fel bois Eglwys Wen.
Ond ymladd a peilo
Wnâi bechgyn Llandeilo

A threial cwlffo'r
Bechgyn o Hwlffor'
A'u gwneud yn gydradd
 dynion Tydrath.
Pe bai odl mewn grym
(Peth da bod e ddim)
Wrth dalu'r degwm
I Fishdir Rhigwm
Heb ddim humbugan
Fel dynion Tre-wgan
i'r sir yn seigen
Mewn wyth awr a deugen
A byddai pobl Mynachlog-ddu
Yn gofyn cyn pen mis, "Beth sy?"

★ ★ ★

Dyna i chi'r dwli-dwl wedyn, sef cysylltu dau beth cwbl wahanol mewn ffordd ddoniol megis yn y gerdd hon:

Cân Seithennyn
Beth sy'n brydferth? Cymedrolwr
Ar ben clawdd yn sgwaro slag.
Dyn rhinweddol o Gwmbwrla
A'i wraig yn ei gadw mewn bag.
Dau shi-binc yn mwsherwmsa

Shilgóts yn cydadrodd *syntax*
Ffwlbert gwyrdd yn canu'r giwga
Mewn hen fwthyn bach to tintacs.

Beth sy'n brydferth? Pump ar hugen
O shalots mewn cwdyn coch.
Gwdihŵ yn gwisgo'i ffedog
Chwarter wedi deg o'r gloch.
Menyw fach gymharol dene
Yn gweud "Na" wrth Shoni Winwns.
Cath yn darllen Edgar Wallace
Ac yn cwympo yn garlibwns.

Beth sy'n brydferth? Owns o ferem
Tun cornbîff a bocs o goco
Yn llochesu lawr ym masged
Dyn sy ddim yn arfer smoco.
Caib a rhaw yn sisial ganu
Llyffant blwydd yn cadw synau
Cyn i'r motor-car fynd drosto.
Rhain sy'n brydferth – wel pam lai!

★ ★ ★

Roedd rhyfeddod pethau syml yn destun cân
hefyd:

Cân wrth fynd i'r gwely

Yr oedd Adda'n ddyn diogel,
Yr oedd Jacob falle'n fwy;
Ond gŵr mwya'r oesau cynnar
Fe ellwch geso pwy?
Nid y dyn wnaeth drap llygoden
Na'r dyn cynta i werthu lla'th
Ond y dyn a wnaeth y gwely
A'i wneuthur fel y gwnath.

Nawr pe buasai wedi gwneuthur
Y gwely'n eitha sgwâr
Buasai traed dyn yn y gwaelod
Yn oeri yn yr âr.
A phe buasai wedi gwneuthur
Y gwely'n eitha rownd
Buasai raid iddo grymu lan fel ci
Cyn mynd i gysgu'n sownd.

Mi welaf y cenhedloedd
Yn dringo, dringo'r stâr,
Pob un yn dod â'i channwyll
Pob un yn dod â'i jar.
Aifft, Babilon a Syria,

Groeg, Rhufain, Sbaen a Phryden
I ble mae pawb yn cyrraedd?
I'r gwely'n sownd, on'd yden?

Ond, doethineb bendigedig,
Fe wnaeth y gwely'n wel
Yn gywir fel mae gwely,
A ddalith ddau yn ddel,
Ac weithiau dalith ragor
Ac weithiau dalith lai
Os na bydd neb o gwbwl arno
Wel, nid arno fe mae'r bai.

Yn cysgu wrtho'i hunan
Mae Phillip Jones, fel cawr,
Am fod yr Hen Gorff mor eang
A'i Freintiau fe mor Fawr.
Ond Bebb a Peate a Saunders
Fe gysgon pwy nos Sul
'Run man â DJ Williams
– Cenedlaetholwyr cul!

★   ★   ★

Wrth gwrs, crefft a dawn digrifwr yn aml iawn
yw ei ddefnydd sydyn o air nad oedd iddo

ddim arbenigrwydd nes ei roi mewn cyd-destun gwahanol.

Pantcilwrnen

(Sef marwnad gan fardd papur lleol i'r diweddar Mrs Mary Davies o'r lle uchod a alwyd yn bur sydyn i'r byd sydd well i fyw!)

Ow, fy awen! Cân mewn dagrau,
Collwyd un o saint y sir,
Mrs Davies, Pantcilwrnen,
Amddiffynnydd mawr y gwir.
Ffyddlon ydoedd Mrs Davies
Yn y cwrdd a'r Ysgol Sul.
Ow! Drueni iddi slipo ar ben darn o *orange peel*!

W R Evans

Dyma un oedd yn feistr ar hiwmor. Fe lwyddodd WR yn nhywyllwch duaf yr Ail Ryfel Byd i greu chwerthin iach. Cyfansoddodd gannoedd o benillion digri. Roeddwn i'n dotio ar glywed Bois y Frenni – dyma sêr pop fy nghyfnod i. Fe wnaeth WR ganeuon ar alawon poblogaidd ac rown i'n gwybod ei ganeuon bob gair.

Fe gefais i'r fraint o weld WR yn arwain noson lawer gwaith. Roedd e'n gallu creu hwyl rhwng pob cystadleuaeth heb wastraffu amser. Rwy'n cofio fe'n arwain un noson yng Ngŵyl Fawr Aberteifi. Roedd y gwres yn llethol a'r babell yn orlawn. Dyma WR yn gofyn,

"Odych chi'n toddi?"

Pawb yn ateb, "Odyn!"

Yntau fel fflach yn dweud, "Peidwch symud te neu bydd gresh★ dros bob man!"

(★ gair Sir Benfro am 'saim')

★ ★ ★

Rwy'n ddyledus iawn i WR Evans. Roedd e'n brifathro yn ysgol Bwlch-y-groes yn ymyl

Llwynihirion. Fe ges i gyfle i adnabod WR a chydweithio ag e dros gyfnod o lawer o flynyddoedd. Uchafbwynt y cydweithio oedd cael actio'r brif ran yn ei gomedi- gerdd, 'Cilwch Rhag Olwen' ar gyfer Eisteddfod Genedlaethol Sir Benfro, 1972. Cefais i'r fraint o actio Olwen gyferbyn â Wil Morris, neu Wil Bach. Rhoddwyd i mi fronnau ffug, caled fel haearn er mwyn gorliwio fy maint!

Mewn un man yn y sioe mae dadlau am y cyfieithiad gorau o'r gair '*toilet*'!

Mae'n rhaid byw yn debyg iawn i'r crach
Peidiwch byth sôn am fynd i'r Tŷ Bach,
Na'r Jeriw, bid siŵr.
Rhaid yw bod yn debyg iddyn nhw
Rhaid bod yn y ffasiwn ar fy llw.

Esgusodwch fi nawr te, twdl-dŵ ,
Rhaid mynd i'r Lŵ .
Lŵ ... Lŵ ... Lŵ ...

★ ★ ★

Dyma limrig a wnaeth WR adeg yr Ail Ryfel Byd:

Roedd bachan o ardal Glanceri
Yn meddwl fod e'n cysgu 'da Jerry
Roedd e'n ymladd *all-out*
Ond pan ddihunodd y lowt
'Na fendith oedd gweld gwn-nos Mari.

★　★　★

Un tro mewn Ymryson y beirdd yn yr Eisteddfod Genedlaethol fe roddodd Dic Jones y ddwy linell yma o englyn:

Ar y môr mae gŵr Mari, – a hithau
Gyda'r gath yn gwmni.

a'r dasg i WR Evans oedd gorffen yr englyn – a dyma'i englyn:

Ar y môr mae gŵr Mari, – a hithau
Gyda'r gath yn gwmni;
Gwathgai hon at ei gwithg hi
Neth y pithodd mith Pwthi!

Fe fedrai WR lunio limrigau cofiadwy:

Medd bachgen yn nhre Casablanca
Wrth Wili, 'i frawd bach ifanca,
"Os am gael mawr glod
Gad y cwrw i fod,
Os am annibendod – wel tanca!"

Priododd yn Addis Ababa
Bâr ifanc sef Gladys ac Aba.
Pan aned y crwt
Cafodd enw bach twt:
Enw'r baba cariadus – ab Aba!

★ ★ ☆

Roedd WR yn hoff iawn o dafodiaith Sir Benfro, ac fe wnaeth sgit fach i'w hanner canu, hanner adrodd, ac yn dilyn graddfa Tonic Sol-ffa.

Wês Wês
A wês prinder marjarîn? d
A wês prinder nicotin? t
A wês prinder mawr o jam? l
A wês prinder nawr o ham? s

Cytgan (mewn cordiau pedwar llais)
Wês Wês... Wês Wês
A wês sôn am dynnu glo? f
A wês torri records 'to? m
A wês talu incwm tacs? r
A wês cwpons nawr am slacs? d

Wêdd hi'n bwrw bore dwe? d
Wêdd hi wir 'te? We we we! t
Wêdd hi Martha'n glwchu twês? l
Wêdd hi'n wêr yn Bwlch-y-gwres? s

(Y parti i gyd)
A we'r wên miwn pwên bore dwê ar ôl torra'i
gwês?
Wêdd hi'n wêr yn y cwêd a'r gwynt yn gwres?

Andrew Williams

Fe fues i'n dysgu canu gydag Andrew Williams, Aberteifi – roedd Washington James a Teifryn Rees a llawer o gantorion eraill yn cael eu dysgu gydag e. Roedd e bron yn gwbwl ddall ond yn reido beic i'r ysgol yn Aberteifi a dod lawr y rhiw a gweld dim bron. 'Y stabal' fydde fe'n galw'i ddisgyblion ac roedd wrth ei fodd os byddai'r stabal yn cael gwobrau mewn eisteddfod. Ges i lwyfan yn Eisteddfod yr Urdd, Machynlleth. Roedd e tu ôl i'r llwyfan nawr yn rhoi cyngor i fi cyn mynd mlaen ac roedd rhyw nodyn hir anodd yn y gân,

"Cofia di nawr, Garnon," medde fe wrtha i, " wyt ti fod ddala'r hen nodyn 'na hyd yn oed 'se twll dy din di'n hollti!"

Dilwyn Edwards

Roedd Dilwyn, Hafod-ddu yn storïwr heb ei ail, ac yn fachgen hyfryd. Cymeriad addfwyn, hoffus. Roedd yn fraint i mi ei adnabod fel ffrind. Edmygwn ei ddull hamddenol, naturiol o gyflwyno'i storïau. Heb os, ef oedd Meistr y Noson Lawen.

Bu ei golli yn fwlch mawr yn ardal y Preseli a thros Gymru gyfan.

Ym Maenclochog y treuliodd Dilwyn ei blentyndod, ac wedi gadael ysgol fe fu'n was fferm, gyrrwr bws, gyrrwr lorri laeth a chasglwr yswiriant. Priododd Aerona o Efail-wen a chartrefu yn Hafod-ddu, Maenclochog.

Fe ddaeth yn arweinydd eisteddfodau a nosweithiau llawen, ac yn arweinydd parti Adar y Banc – gan wneud y rhan fwyaf o'i waith yn rhad ac am ddim at wahanol achosion da.

Codwyd cofeb iddo ym mhentre Maenclochog ac englyn o waith Eirwyn George arni:

Dôi â mwynder Bro Cerwyn – o'i Hafod
   I'w lwyfan i ennyn
  Hiwmor bro i danio dyn.
  Daliwr y dorf oedd Dilwyn.

Dyma rai o storïau Dilwyn:

Roedd hen gymeriad wedi bod mas yn mwynhau ei hunan dros y Nadolig ac wedi yfed tamed bach yn ormod. Medde'r wraig wrtho pan ddaeth adre,

"Beth yw'r dwli hyn, yn dod gartre'n hanner meddw?"

"O," medde fe, "redes i mas o arian."

★　★　★

Roedd Wil yn meddwl y byd o'r hen gloc oedd yn hongian ar y wal. Roedd e wedi etifeddu'r hen gloc ac roedd e'n ei weindo fe'n gyson. A dweud y gwir roedd e'n credu bod yr hen gloc yn taro i'r eiliad gyda Big Ben.

Pan ddaeth adre un noson o'r gwaith fe gafodd e dipyn o sioc pan ddywedodd ei wraig wrtho,

"William, mae'n rhaid i ti gael gwared ar yr hen gloc 'na. Roedd Mam yn digwydd bod yn ishte o dan y cloc yn cael cwpaned o de a fe gwympodd y cloc oddi ar y wal yn blwmp ar y llawr."

Ac roedd hi'n dal i gadw sŵn:

"A weda i wrthot ti William" medde hi, "Os bydde'r cloc wedi cwympo ar ben Mam bydde wedi ei lladd hi yn y fan a'r lle."

"Damo!" wedodd William fel bwled, "rown i'n gwbod bod y cloc 'na'n araf!"

★ ★ ★

Wil yn gweld ei ffrind yn cerdded lawr i'r pentre a golwg ddiflas iawn arno. Dyma Wil yn gofyn iddo:

"Pam wyt ti'n edrych mor ddiflas?"

Atebodd Wil, "Wedodd fy mam-yng-nghyfraith wrtha i fod hi ddim yn mynd i siarad â fi am ddau fis."

"Wel," dywedodd Wil, "mae hwnna'n newyddion da i ti — cael llonydd gyda hi am ddau fis."

"Ie," mynte Wil, "Y trwbwl yw bod y ddau fis yn bennu heno!"

★ ★ ★

Doedd dim cyfleusterau modern fel tai bach yn y wlad 'slawer dydd. Yn wir, roedd llawer o bobol y wlad heb weld toiled modern erioed. Roedd William a Jane wedi ymddeol o ffermio ac wedi byw'n eitha hen-ffasiwn erioed, a dyma nhw'n mynd i Borthcawl am wythnos. Y noson gynta yn y gwesty dyma nhw'n mynd i'r gwely ac fe gododd syched mawr ar Jane. Felly aeth William i moyn glased o ddŵr iddi. Ymhen rhyw awr roedd syched mawr arni 'to, a dyma William yn mynd i 'nôl rhagor o ddŵr. Ond, daeth yn ôl y tro hyn heb ddŵr, dim ond glas gwag.

Holodd Jane, 'Ble mae'r dŵr 'da ti te?'

A'r ateb oedd, "Roedd rhyw ddyn mawr yn eistedd ar ben y ffynnon!"

★ ★ ★

Roedd y wraig 'ma'n ffono'r fet am dri o'r gloch y bore yn achwyn bod y cwrcath a'r gath yn caru ac yn gneud y sŵn rhyfedda o flaen ffenest y stafell wely. Roedd gymaint o sŵn nes 'i bod hi a'i gŵr yn methu cysgu. Dyma'r wraig yn gofyn i'r fet,

"Beth allwn ni neud i'w rhwystro nhw?"

"Wel," medde'r fet, "ewch lawr â'r ffôn a rhowch e ar eu pwys nhw, wedyn fe ffona i nhw."

"Chi'n meddwl bod hynny'n mynd i weitho, te?" medde'r wraig.

"Wel, mae e wedi gweitho fan hyn i ni, ta beth!"

★ ★ ★

Roedd y ddau weinidog oedd yn byw yn yr ardal yn ffrindiau mawr. Un diwrnod aeth un o'r ddau i Ddinbych-y-pysgod ar drip Ysgol Sul. Fe fuodd e wrthi'n tynnu llawer o luniau ac un ohonyn nhw ohono fe ar gefn asyn. Pan gafodd y lluniau 'nôl dyma fe'n eu dangos nhw i'w ffrind. A dyma'i ffrind yn dweud,

"Wcl, wcl, 'na bcth yw llun da ohonot ti. Pwy sydd ar dy gefn di?"

★ ★ ★

Fe gafodd Wil garchar am flwyddyn gyfan am ddwyn dwy res o swêts neu erfin. Yn ystod ei amser yno cwrddodd â dyn garw ei olwg ac fe ofynnodd iddo,

"Am faint o amser 'ych chi mewn yma?"

"O, am oes," medde fe.

"Wel, beth wnaethoch chi de?"

"Rêp," medde'r dyn garw.

"Wel," atebodd Wil, "aethoch chi â'r cae i gyd te, bownd o fod?"

★ ★ ★

Roedd Dai yn byw drws nesa i ffarm a honno ar werth. Roedd pawb yn dweud wrth Dai y dylai brynu'r ffarm a medde ei ffrind wrtho,

"Pryna'r ffarm, Dai, mae'n lle bach da."

"Ond 'sdim arian gyda fi," medde Dai.

"Wel, cer i wel dy reolwr banc, fe fydd e'n siŵr o dy helpu di."

Dyma Dai yn mynd i'r banc a dweud ei fod e'n moyn prynu'r ffarm a dyma'r rheolwr yn gofyn iddo faint o arian oedd e'n moyn.

A medde Dai, "Wel, faint sy 'da chi i'w roi te?"

* * *

Roedd Dai a Wil yn mynd mewn awyren am y tro cynta, ac roedd Wil yn nerfus iawn. Meddai Dai wrth Wil,

"Bachan, beth os byddwn ni'n cwympo mas?"

Meddai Wil, "Paid â siarad dwli, r'yn ni'n ffrindie mawr ers blynydde."

* * *

Roedd Wil wedi cael pris go dda am werthu llo a dyma fe'n gofyn i Dai ddod i gael pryd o fwyd gyda fe. Ar ôl dod allan o'r lle bwyta, gofynnodd Dai i Wil,

"Roddest ti rywbeth i'r waiter?"

"Naddo," medde Wil , "fe fytes i'r cwbwl."

* * *

Roedd Dai yn Llundain ar ei wyliau, a chi'n gwybod fel 'ŷn ni'r Cymry yn fusneslyd iawn.

Roedd Dai'n cerdded ar y stryd pan welodd angladd yn mynd heibio a dyma fe'n mynd lan at yr heddwas a gofyn iddo,

"Pwy sydd yn cael ei gladdu 'ma heddi te?"

"Pardon?" dywcdodd hwnnw.

"O, wir," medde Dai, a bant ag e.

Trannoeth roedd angladd arall yn mynd heibio a Dai yn mynd lan 'to at blisman arall, a gofyn,

"Pwy sy'n cael ei gladdu 'ma heddi te?"

Ac meddai hwnnw, "Pardon?"

A medde Dai, "Paid â gweud celwydd, gafodd hwnnw 'i gladdu ddoe!"

★ ★ ★

Dau ddyn yn cwmpo mas tu fas i dafarn, ac roedd y ddau'n edrych lan ar y lleuad. Fe alwodd un ohonyn nhw arna i,

"A allwch chi'n helpu ni fan hyn?'

"Rhwydd! Beth 'ych chi moyn ei wybod?" wedes i.

"Rwy i'n dweud taw lleuad yw honco, ac mae Twm yn dweud mai'r haul yw e. Allwch chi ddweud pa un ohonon ni sy'n iawn?"

A wedes i, "Wel, mae'n ddrwg 'da fi. Alla i byth 'ych helpu chi, achos dyn dierth ydw i ffordd hyn!"

Roedd y gweinidog yma yn Sir Aberteifi yn edrych lawr o'r pulpud a gweld y plât casgliad yn dod 'nôl heb ddim dime arno. Dim byd. A dyna ddywedodd e,

"O Arglwydd! Rwy'n diolch bod y plât wedi dod 'nôl ta beth."

★ ★ ★

Roedd dau frawd yn byw yn y pentre yma, ac roedd pawb yn eu casáu nhw am eu bod nhw'n meddwi, gamblo, ymladd ac yn gas wrth bawb. Ond yn y diwedd fe fuodd un ohonyn nhw farw, a dyma'r brawd arall yn mynd at y gweinidog a gofyn iddo a alle fe alw'i frawd yn sant ac y bydde fe wedyn yn barod i roi pum mil o bunnau iddo fe at y capel.

Doedd y gweinidog ddim yn gwybod beth i'w wneud achos roedd y brawd fuodd farw yn un o'r rhacs penna yn yr ardal. A dyma beth ddywedodd y gweinidog ar ddydd ei angladd,

"Rydyn ni'n claddu gweddillion y rhacsyn mwyaf rodiodd y ddaear yma erioed, ond o'i gymharu â'i frawd roedd e'n sant!"

★ ★ ★

"O'i gymharu â'i frawd roedd e'n Sant!"

Ym mhob papur newydd nawr mae 'na rybudd yn dweud wrthoch chi am stopio smoco am ei fod e'n gwneud niwed i chi. A dweud y gwir wrthoch chi, rwy i wedi stopo darllen papurau newydd!

★ ★ ★

Roedd y dyn yma'n gyrru ar y pafin pan stopiodd plismon e a gofyn iddo fe,

"Beth 'ych chi'n feddwl chi'n neud yn gyrru ar y pafin?"

Yr ateb gafodd y plismon oedd,

"Achos bod dim trwydded 'da fi i yrru ar y ffordd!"

★ ★ ★

Roedd y fam yma wedi anfon ei mab lan i'r siop i moyn pownd o *salts*. Gofynnodd y siopwr,

"Beth 'ychchi moyn, *epsom salts* neu *glauber salts*?"

"Wel, beth yw'r gwahaniaeth rhwng y ddau?" holodd y bachgen.

A medde'r siopwr, "O, rhyw ddwy funud!"

★ ★ ★

Roedd Dai moyn tacsi i fynd ag e i ddala'r trên. Fe ofynnodd i ddyn y tacsi faint oedd e'n godi. Dyma'r gyrrwr yn dweud,

"Teirpunt."

"A faint 'ych chi'n godi am y bagic?"

"O, ma rheiny am ddim," meddai'r gyrrwr.

A dyma Dai yn ateb, "O diolch yn fawr, cerwch lawr â'r bagiau te a fe gerdda i
lawr wedyn."

★ ★ ★

Roedd y dyn a'r fenyw 'ma'n bwyta mewn gwesty pan sylweddolodd y waiter bod y dyn wedi mynd i gwato o dan y ford. Dyma fe'n dweud wrth y fenyw,

"Ydych chi'n sylweddoli fod eich gŵr yn cwato o dan y ford?"

"Na, dyw e ddim" medde hi. "Ma 'ngŵr i'n dod mewn trwy'r drws fanco nawr!"

Doniau Eraill

Jenny, Penanty

Fe gwrddais i â Jenny ym Medi 1946 pan es i i
ddysgu i ysgol Llwynihirion. Mae Jenny wedi
adrodd, actio ac arwain eisteddfodau oddi ar hynny.
Mae hi'n gymeriad byw ar lwyfan ac yn deall ei
chynulleidfa i'r dim. Erbyn hyn mae hi dros ei
phedwar ugain mlwydd oed – ac yn dal ati. Un
fach, bitw fu Jenny erioed – a hynny'n gyferbyniad
hollol i fi ar lwyfan. Deallodd WR Evans y
cymeriad yn berffaith wrth greu Lucy ar ei chyfer yn
'Cilwch Rhag Olwen'. Mae sawl cenhedlaeth
erbyn hyn yn ei milltir sgwâr yn ddyledus iddi am
eu hyfforddi i ymddangos ar lwyfan ac am
lwyddiant ysgubol wrth eu dysgu i adrodd.

Alun Penralltfach

Brodor o Gilgerran yw Alun James adroddwr digri
a gafodd lwyddiant mawr wrth adrodd darnau o
waith Jacob Dafis. Datblygodd i fod yn arweinydd
noson lawen poblogaidd. Mae ganddo bresenoldeb
llwyfan arbennig a bydd pawb yn chwerthin cyn

iddo ddechrau llefaru. Hen lanc ydyw hyd yn hyn! Wrth ei gyflwyno ar lwyfan droeon, byddwn yn hoffi adrodd y ddihareb fodern:

Peidiwch byth trystio'ch gŵr yn rhy bell, na hen lanc yn rhy agos!

Magodd y fro nifer fawr o gymeriadau dawnus gyda'r ddawn i ddiddanu'n gyhoeddus. Dyna i chi Peter John yng Nghrymych; y diweddar Cliff Sambrook; Eilir Esgairordd; Ianto Siop ym Mwlch-y-groes; Enos George ym Mhen-y-bryn; Dyfed Thomas yn Llwyndrain. Rhaid talu teyrnged i bob un o'r rhain am roi oriau lawer o ddiddanwch ac adloniant i drigolion Sir Benfro.

CYFRES  TI'N JOCAN

Hefyd yn y gyfres **TI'N JOCAN**

HIWMOR DAI JONES
HIWMOR LYN EBENEZER
HIWMOR Y CARDI gan Emyr Llewelyn
HIWMOR IFAN TREGARON

i gyda am ddim ond £3.95 yr un.
Yr anrheg perffaith
i chi'ch hunan
neu i'r fam-yng-nghyfraith